Wir lernen lesen

Geschichten zum Vorlesen und Selberlesen

Herausgegeben von Ruth Gellersen
Illustriert von Hendrik Kranenberg

Schwager & Steinlein

Liebe Kinder,

dieses Buch erzählt von Piraten und Zauberern, mutigen Kindern, reisenden Tieren und vielem mehr. Mit seiner Hilfe werdet ihr Schritt für Schritt zum Leseprofi: Die ersten Geschichten sind wunderbar zum **Vorlesen** geeignet. Und in den Bildern dazu gibt es jede Menge zu entdecken. Dann trainiert ihr das Lesenlernen selbst: In den **Vignettengeschichten** ersetzen kleine Bilder einzelne Namenwörter. Ihr könnt auch gemeinsam lesen. In den **Tandemgeschichten** gibt es längere Abschnitte für geübte Leser und kurze Texte für Einsteiger. Im letzten Kapitel findet ihr spannende **Bildergeschichten** mit Texten, die gerade auch für Leseanfänger gut verständlich sind. Und an alle Ratefüchse und Adleraugen: Zu jeder Geschichte gibt es ein Mini-Leserätsel mit abwechslungsreichen Fragen rund um den Text.

Viel Spaß beim Lesenlernen!

Komm, ich lese dir was vor!

Vorlesegeschichten

Aus Bildern werden Wörter!

Vignettengeschichten

Wir lesen gemeinsam!

Tandemgeschichten

Das kann ich schon alleine!

Bildergeschichten

Inhalt

Komm, ich lese dir was vor!

Aus Bildern werden Wörter!

Wir lesen gemeinsam!

Das kann ich schon alleine!

Komm, ich lese dir was vor!

Ein traumhafter Ausflug

Lena sitzt am Küchentisch und malt ein Sommerbild. Draußen stürmt
es. Dicke Regenwolken jagen über den Himmel. Missmutig schaut
Lena hinaus. „Nun ist der Sommer vorbei", hat ihre Mutter am
Morgen gesagt, und das stimmt wohl auch. Lena seufzt und malt
eine Sonne auf ihr Bild. Da klingelt es an der Haustür. Es ist der
Briefträger. Lena nimmt die Post entgegen: Eine Ansichtskarte von
ihrer Oma, die gerade im Süden Urlaub macht! Neugierig betrachtet
Lena die Karte. Sie zeigt eine Insel im klaren, blauen Meer mit
Palmen und einem wolkenlosen Himmel. Am Strand spielen Kinder.
Andere baden im Wasser.

„Ach", seufzt Lena. „Da würde ich jetzt auch gern sein." Kaum hat sie
das gesagt, fangen die Kinder auf dem Bild an, sich zu bewegen! Wie
gebannt starrt Lena auf die Karte.

8

Eines der Mädchen kommt ganz dicht an den Rand der Postkarte. „Hallo", sagt es freundlich. „Hast du Lust, mit uns zu schwimmen?" „Das würde ich gern", antwortet Lena. „Aber ich kann doch nicht einfach so in die Postkarte steigen."

„Pass mal auf!" Das Mädchen schnippt mit den Fingern. Schon steht Lena am Strand der Insel. Statt Pulli und Jeans trägt sie jetzt ein gelbes Tuch um die Hüfte, wie das Mädchen. Verwirrt schaut sie sich um.

„Ich heiße Paula", stellt sich das Mädchen vor. „Komm, lass uns schwimmen." Das Wasser ist glasklar und wunderbar warm. Paula reitet sogar auf einem Delfin! Ein zweiter Delfin schwimmt auf Lena zu. Mutig steigt sie auf seinen Rücken. Die Mädchen spielen so lange mit den Delfinen, bis die Sonne langsam am Horizont versinkt.

Lena und Paula gehen zu den anderen Kindern. Sie sitzen um ein Lagerfeuer herum und singen Lieder. Ein Junge schlägt dazu auf eine Trommel. Am Strand rauschen leise die Wellen, das Feuer knistert und prasselt ...

... wie Regen an der Fensterscheibe. Verwundert reibt sich Lena die Augen und schaut sich um. Sie sitzt immer noch zu Hause am Tisch und hält Omas Karte in der Hand. „Ach, wie schade", seufzt sie leise. „Das war nur ein Traum." Wehmütig schaut sie auf das schöne Bild von der Insel im Meer. Dann huscht ein Lächeln über ihr Gesicht. „Ich besuche euch bald wieder", murmelt sie verträumt und presst die Karte fest an sich. „Versprochen! Der Winter ist ja noch lang."

Kannst du alle Fragen beantworten?

1. Lena malt am Küchentisch.
Welches Wetter ist draußen?

E: Die Sonne scheint.
F: Es regnet und stürmt.
G: Es schneit.

2. Wer schickt Lena
die Ansichtskarte?

I: Oma
J: Opa
H: Mama

3. Wie heißt Lenas Freundin
auf der Insel?

A: Pia
B: Petra
D: Paula

4. Was will Lena bald
wieder machen?

L: zur Schule gehen
I: zur Insel reisen
N: zu Bett gehen

Trage die Lösungsbuchstaben in die Kästchen ein.
Das Lösungswort verrät dir eine Inselgruppe in der Südsee.

 S C H  **- I N S E L N**

1   2   3   4

Verschlafen!

„Huch!" Celina wacht von einem Schrei auf. Mama läuft in ihr
Zimmer und gibt Celina einen Kuss. „Schatz, wir haben verschlafen."
Sie rauft sich die Haare. „Ich hab den Wecker nicht gehört."
Celina ist sofort hellwach. Im Gegensatz zu Mama, die sich gähnend
die Augen reibt. „Aber Mama, wir haben doch heute …" Mama
winkt ab und läuft die Treppe hinunter. „Erzähl mir das gleich, ja?
Ich rufe nur schnell deine Klassenlehrerin an und sage ihr Bescheid.
Dafür hat sie uns doch neulich ihre Handynummer gegeben."
Celina rennt ins Bad und zieht sich an. Als sie in die Küche kommt,
sagt Mama: „Es geht nur der Anrufbeantworter ran. Seltsam."
Celina schüttelt den Kopf. „Gar nicht, das wollte ich dir eben
schon sagen. Wir machen doch heute unseren Schulausflug."
Mama sinkt stöhnend auf einen Küchenstuhl. „Den habe ich
völlig vergessen. Ich habe nachher ein wichtiges Gespräch. Und
ausgerechnet heute musste Papa so früh zur Arbeit."
Während Celina ihr Müsli löffelt, telefoniert Mama herum. Aufgeregt
hört Celina zu. Sie hat sich schon so auf den Ausflug gefreut! Ob sie
jetzt nicht mitkann, weil Mama verschlafen hat? Celina stellt sich vor,
wie alle Kinder im Wald Spaß haben. Nur sie nicht! Da sagt Mama:
„Komm, wir müssen los."
„Aber du hast noch deinen Schlafanzug an", ruft Celina, als Mama
nach dem Autoschlüssel greift.

„Oh je, das auch noch!" Mama rauft sich wieder die Haare, die jetzt in alle Richtungen abstehen. Hastig zieht sie Hose und Pullover an. Celina wartet schon neben dem Auto, als Mama kommt. Sie brausen durch die Stadt, viel schneller als die Polizei erlaubt.

In Celinas Bauch grummelt es. Sie ist noch nie zu spät gekommen. „Bestimmt gucken mich alle an", sagt sie. „Das ist doof!"

Mama versucht Celina zu trösten, doch Celina stellt sich vor, wie alle kichern und auf sie zeigen. Mama bremst an einer Ampel, die direkt vor der Grundschule steht. Am liebsten würde Celina jetzt aussteigen und hineinlaufen, so wie jeden Tag. Mit einem Mal hat sie keine Lust mehr auf den Waldausflug, denn als Letzte mag sie nicht kommen.

„Wir sind nur ein bisschen zu spät", tröstet Mama sie. Sie fährt auf einen Parkplatz am Waldrand. Celina reißt die Augen auf: Hier stehen aber viele Autos! Da fällt ihr ein, dass nicht nur die Kinder und ihre Klassenlehrerin beim Ausflug dabei sind, sondern auch einige Eltern. Oh je! Noch mehr Leute, die sie gleich anstarren würden.

Eilig laufen Celina und Mama in den Wald. Vor ihnen gabelt sich der Weg. Verwirrt bleibt Mama stehen und fragt: „Was hat Lottas Mutter gesagt? Müssen wir den rechten oder den linken Weg nehmen?"

Celina lauscht. Vogelstimmen, der Wind in den Bäumen und entfernt ein brummendes Auto. Sonst ist es leise. Kein einziges Kind ruft oder schreit, wie sonst auf dem Schulhof.

15

„Sieh mal", ruft Celina und zeigt auf den zweiten Weg. Mitten auf dem Pfad liegt eine Mütze. Knallrot. Sie gehört ihrem besten Freund Tom. Celina stürmt los. Mama hastet hinter ihr her. Atemlos erreichen sie eine Wiese im Wald. Dort warten schon die anderen. Celina bleibt zögernd stehen. Niemand achtet auf sie. Nur Tom entdeckt Celina. „Da bist du ja!", freut er sich. Celina nickt. „Gehen wir jetzt los?", will sie wissen. Tom schüttelt den Kopf. „Wir warten noch auf Frau Huglmeier." Überrascht schaut Celina sich um. Tom hat Recht – ihre Lehrerin ist noch gar nicht da. In dem Moment taucht eine Gestalt keuchend hinter Celina auf. Frau Huglmeier!

„Tut mir leid", ruft Celinas Lehrerin. „Ich habe verschlafen."

Alle müssen lachen. Celina sieht, wie Frau Huglmeier ein bisschen rot wird. Celina greift nach ihrer Hand und sagt: „Das kann doch jedem mal passieren. Ist gar nicht schlimm!"

16

Kannst du alle Fragen beantworten?

1. Was ist Mama am Morgen passiert?

   F: Mama hat verschlafen.
   B: Mama hat ihre Brille verlegt.
   G: Mama hat geweint.

2. Was findet Celina auf dem Weg?

   U: eine Mütze
   F: eine Schachtel
   V: einen Hund

3. Wer kommt noch zu spät zum Ausflug?

   J: Frau Höfer
   K: Frau Hofmann
   C: Frau Huglmeier

4. Wie heißt Celinas bester Freund?

   W: Timo
   S: Tom
   R: Tim

Trage die Lösungsbuchstaben in die Kästchen ein.
Das Lösungswort verrät dir ein Waldtier.

   H

1   **2**   **3**   **4**

Vagabundus, der Zauberhut

Heute darf Anna ganz allein zum Einkaufen gehen. Schnell besorgt
sie alle Einkäufe im Supermarkt. Auf dem Rückweg schlendert Anna
gemütlich durch den kleinen Park nach Hause. Moment, was liegt
denn da auf der Parkbank? Es ist ein Hut aus weichem, rotem Leder.
Und in dem goldenen Hutband stecken drei Federn: eine gelbe, eine
blaue und eine grüne. Anna setzt ihn auf. Er passt wie angegossen.
„Hallo", sagt plötzlich eine Stimme. „Wer setzt mich da auf?" Verwirrt
sieht Anna sich um.
„Nicht erschrecken", meint die Stimme freundlich. „Ich bin es nur,
Vagabundus, der Zauberhut! Und wie heißt du?"
„Ich bin Anna", sagt Anna. „Wieso bist du ein Zauberhut?"
„Mit meiner speziellen Zauberkraft kann ich meinen Träger an jeden
Ort bringen, den er sich wünscht. Allerdings nur dreimal", erklärt der
Hut. „Wohin möchtest du mit mir fliegen?"

Anna überlegt. Soll sie es wirklich wagen, mit dem Hut zu reisen?
„Und am Ende bringst du mich sicher wieder nach Hause?", fragt sie.
„Na klar", erwidert der Hut.
„Dann möchte ich ... auf eine traumhafte Südseeinsel", sagt Anna.
„In Ordnung", sagt Vagabundus. „Nimm die blaue Feder aus meinem
Hutband, halte sie gut fest und schließ die Augen – es geht los!"
Anna nimmt die Feder in die Hand. Huuuiiii! Sie spürt, wie sie in die
Luft gehoben wird. Sekunden später landet sie mit Vagabundus auf
einem Sandhaufen. „Willkommen in der Südsee!", ruft der Hut.
Anna öffnet die Augen. Ein weißer Sandstrand zieht sich endlos am
leuchtend blauen Meer entlang. Gemächlich gleitet ein Segelschiff
vorbei. Anna beobachtet bunte Fische und exotische Blumen und
Vögel im Dschungel.

19

Dann fragt Vagabundus: „Wohin möchtest du jetzt fliegen, Anna?"
„Ich möchte mit einem Boot auf dem Nil fahren", sagt Anna.
„Kein Problem", meint Vagabundus. „Diesmal musst du die grüne
Feder festhalten." Und – huuuii! – fliegen sie wieder durch die Luft.
Anna öffnet die Augen. Vor ihr befindet sich der breiteste Fluss, den
sie je gesehen hat. Ein flacher Raddampfer liegt an einem Anleger,
und viele Menschen laufen mit Säcken und Kisten herum oder
verabschieden sich von ihren Freunden.
„Komm, wir gehen an Bord", schlägt Vagabundus vor. Nach wenigen
Minuten legt das Schiff ab und gleitet den Nil hinunter. An den Ufern
wachsen Schilf und Palmen. Langsam fahren sie an einem Tempel
mit Säulen aus gewaltigen Steinen vorbei. Uralt sieht der aus! Anna
genießt die Reise auf dem Fluss.
„Jetzt hast du noch einen Flug frei", sagt Vagabundus freundlich.

„Dann möchte ich Eisberge sehen. Und wenn es geht, auch einen richtigen Vulkan!", wünscht sich Anna.

„Nimm die dritte Feder, die gelbe ...", sagt Vagabundus.

„... und schließ die Augen!", ergänzt Anna lachend und hält schon die gelbe Feder in den Händen. „Huuuiii!" macht es zum dritten Mal.

„Willkommen auf Island!", ruft Vagabundus. Anna steht auf einer Klippe aus schwarzem Stein. Hinter ihr erhebt sich ein Berg, über dem eine Dampfwolke schwebt. Unter ihr rauscht der Atlantik. Wo seine Wellen an die Klippen schlagen, hat sich eine mächtige Eiskruste gebildet, die im Sonnenlicht funkelt. Papageientaucher kreisen um Annas Kopf. Am Horizont entdeckt Anna drei Eisberge. Sie beginnt den Berghang hochzuklettern. Je näher sie dem Gipfel kommt, desto wärmer wird es.

21

Anna klettert auf den Felsen. Unter ihr wabert Schwefeldampf. Aber dann weht eine Windbö den Dampf weg, und sie schaut in den Krater des Vulkans! Ganz tief unten erkennt sie die rot glühende Lava. Anna merkt, wie müde sie jetzt ist. Sie hat so viel gesehen. „Ich möchte nach Hause", meint sie.

„Gut", sagt Vagabundus. „Dann musst du alle drei Federn festhalten."

„Huuuiii!" macht es zum letzten Mal, und sie ist wieder im Park.

„Vielen Dank für alles", sagt Anna. „Ich werde dich nie vergessen!"

„Ich dich auch nicht", erwidert Vagabundus. „Und wenn du jemanden triffst, der einen roten Hut mit bunten Federn auf dem Kopf trägt, dann weißt du, was das bedeutet!"

Kannst du alle Fragen beantworten?

1. Was findet Anna auf der Bank im Park?

D: einen Mantel
L: einen Hut
G: einen Rucksack

2. Welche Farben haben Vagabundus' Federn?

A: gelb, blau, grün
F: grün, weiß, rot
V: blau, gelb, rosa

3. Was für einen Berg besteigt Anna?

J: einen Eisberg
K: einen Hügel
V: einen Vulkan

4. Wie heißt der geheimnisvolle Hut?

L: Vagabund
S: Vater
A: Vagabundus

Trage die Lösungsbuchstaben in die Kästchen ein.
Das Lösungswort verrät dir, was aus einem Vulkan austreten kann.

1   **2**   **3**   **4**

Vertauschte Geschenke

„Fertig!", ruft das Christkind. Überall stapeln sich Pakete und Päckchen, Umschläge und Papprollen. Alles ist liebevoll in buntes Papier eingewickelt und mit Schleifen versehen. „Ich habe an jedem Geschenk ein Namensschild angebracht", erklärt das Christkind. MIAU! Milo schnurrt anerkennend, rollt sich auf den Rücken und spielt mit einer übriggebliebenen Schleife.
„Dass du mir nichts durcheinanderbringst", ermahnt das Christkind seine Katze. „Bis später", verabschiedet es sich dann von Milo. „Mach es dir vor dem Feuer gemütlich."

Den ganzen Weihnachtsabend eilt das Christkind hierhin und dorthin und überbringt die Geschenke. Zum Schluss ist nur noch ein kleiner Stapel neben dem Kamin übrig. Der ist für das Haus am Waldrand, in dem Pablo mit seiner Familie wohnt.
„Was ist denn hier passiert?", fragt das Christkind entgeistert, als es endlich die letzten Geschenke holen will. Alle Geschenkkarten sind durcheinandergewirbelt. Obendrauf liegt Milo und schnarcht leise. Das Christkind klebt die Namensschilder schnell wieder an die Päckchen. Gemeinsam mit Milo bringt es die Geschenke zu Pablos Haus. „Jetzt freue ich mich auf eine Tasse Tee und unsere leckeren Kekse", sagt das Christkind vergnügt, als alle Geschenke unter dem Weihnachtsbaum liegen. MIAU! Milo springt auf die Fensterbank.

„Was ist denn?", fragt das Christkind. Die Katze maunzt aufgeregt. Das Christkind reibt den Schnee von der Fensterscheibe. „Huch! Da ist ja alles vertauscht", ruft es erschrocken. Drinnen im Wohnzimmer ist die Bescherung im vollen Gange. „Oh nein! Bestimmt sind alle gleich ganz unglücklich", jammert das Christkind und beobachtet ängstlich, was drinnen geschieht.

Pablos Mutter packt ein kleines, weiches Päckchen aus. „Oh, wie praktisch!", freut sie sich und hält entzückt flauschige Babyschuhe hoch. „Damit kann ich in Zukunft meine Frühstückseier warm halten. Toll!" Das Christkind hält sich die Augen zu. Was kommt als Nächstes? Nun ist Pablos Oma an der Reihe. „Das ist ja klasse", ruft Oma und zeigt allen eine große Säge. „Ich wollte schon so lange ein neues Türschild haben. Auf die Säge schreibe ich meinen Namen und bringe sie an der Haustür an. Wunderbar!"

Leise stöhnend wälzt sich das Christkind im Schnee. Was für eine Katastrophe! Aber auch Baby Luisa freut sich über den ledernen Fußball, denn damit kann Luisa sich viel schneller durchs Zimmer bewegen. Und Pablo ist begeistert von der Leinwand und den vielen Farben zum Malen. Nach und nach packen alle ihre Geschenke aus. Verwundert stellt das Christkind fest, dass alle zufrieden sind.

„Das ist ja gerade noch mal gut gegangen", seufzt es und macht sich mit Milo auf den Heimweg. „Was meinst du, sollen wir nächstes Jahr die Geschenkkarten gleich ganz weglassen?"

MIAU!, maunzt Milo nur zur Antwort.

Kannst du alle Fragen beantworten?

1. Wie heißt die Katze
des Christkinds?

   P: Milo
   L: Maja
   G: Malte

2. Wo wohnt Pablo
mit seiner Familie?

   A: am See
   O: am Waldrand
   V: am Fluss

3. Das Christkind sieht
durch …

   S: das Fenster.
   K: die Tür.
   V: den Schornstein.

4. Was bekommt Baby Luisa
vom Christkind?

   L: eine Puppe
   S: ein Buch
   T: einen Fußball

Trage die Lösungsbuchstaben in die Kästchen ein.
Das Lösungswort verrät dir, was das Christkind gern bekommt.

1   **2**   **3**   **4**

Die Glücksfarbe

Allmählich geht der Herbst in den Winter über. Auch die letzten
Bäume werfen ihre Blätter ab. Jeden Tag wehen Stürme über das
Land und türmen dicke Wolkenberge am Winterhimmel auf.
Schließlich beginnt es zu schneien. Schon bald ist alles weiß:
Der Boden ist mit einer dicken Schneeschicht bedeckt. Die Büsche
und Bäume tragen Schneemützen, ebenso wie die Felsen, die überall
verstreut sind. Auch einige der Tiere bekommen ein weißes Fell.
„Kommt, wir spielen Verstecken!", ruft der kleine Wolf übermütig.
„Du suchst zuerst", antwortet sein Freund, der Polarfuchs, und
flitzt davon.
„Such uns, such uns!", johlen auch der Schneehase und das
Schneehuhn.
„Eins, zwei, drei …", zählt der kleine Wolf und kneift dabei die Augen
fest zusammen. „… 99, 100. Ich komme!"

Der kleine Wolf schaut sich um: Kreuz und quer führen die Spuren
durch den Schnee. Er späht unter Zweige und hinter Bäume, doch
seine Freunde sind verschwunden. Es kichert leise, ganz in der Nähe.
„Wo seid ihr?", ruft der kleine Wolf und sucht weiter.
Nach einiger Zeit springt der kleine Wolf auf einen großen Stein,
um Ausschau zu halten. Doch auch von hier oben ist keiner seiner
Freunde zu entdecken. Der kleine Wolf sucht und sucht. Langsam
vergeht ihm die Lust. „Das ist gemein", beschwert er sich und plumpst
in den Schnee. „Ich finde euch einfach nicht." Da zieht etwas an
seinem Schwanz. Der kleine Wolf fährt herum. Hinter ihm stehen
seine Freunde. Wie aus dem Nichts sind sie aufgetaucht. „Mit dem
weißen Fell seid ihr im Schnee gar nicht zu sehen", meckert der kleine
Wolf. „Das ist ungerecht! So macht es gar keinen Spaß, mit euch
Verstecken zu spielen." Lachend toben seine Freunde um ihn herum.

„Sei nicht böse, kleiner Wolf", sagt das Schneehuhn und kitzelt den Wolf mit einer Feder. „Dafür darfst du dich jetzt verstecken."

„In Ordnung", antwortet der kleine Wolf besänftigt und läuft sofort davon. Die Stimmen seiner Freunde, die langsam bis 100 zählen, werden schnell leiser. Der kleine Wolf überquert einen Bach und umrundet einen zugefrorenen Teich. Er läuft durch das Moor, den Waldrand entlang, bis er zu einer Lichtung mit vielen Felsen kommt, die wie große, dunkle Wächter emporragen.

„Hier finde ich bestimmt ein Versteck", denkt der kleine Wolf.

Es dauert nicht lange, da entdeckt er eine Höhle. Durch einen schmalen Spalt schaut er nach draußen. Von hier aus kann er gut die Umgebung beobachten, ohne selbst gesehen zu werden.

Der kleine Wolf wartet und wartet, doch seine Freunde kommen
nicht. Schließlich wird es ihm unter dem Felsen zu langweilig.
Ungeduldig kriecht er ins Freie und rennt zurück.
Gerade als er eine Felsspalte überqueren will, gerät er ins Straucheln.
Er stolpert und klemmt sich die Pfote ein. „Oh, das tut weh", jammert
der kleine Wolf. Er zieht und zerrt, doch es gelingt ihm nicht, sich zu
befreien. Schließlich fallen ihm erschöpft die Augen zu.
Aufgeregte Stimmen wecken ihn. „Da bist du ja", ruft der Schneehase.
„Das ist aber ein schwieriges Versteck", bemerkt der Polarfuchs
anerkennend. „Wir mussten ganz schön lange suchen, bis wir dich
gefunden haben."
„Aber zum Glück hat uns etwas geholfen", gackert das Schneehuhn.
„Ich stecke fest", unterbricht der Wolf das Huhn und berichtet, was
passiert ist. Mit vereinten Kräften ziehen die Freunde den Stein weg.

31

Endlich gelingt es ihnen, den kleinen Wolf zu befreien.

„Und wie habt ihr mich nun gefunden?", will der kleine Wolf wissen, als sie sich auf den Heimweg machen.

Der Schneehase stupst ihn an. „Na, dein Fell hat uns geholfen.

So konnten wir dich gut im Schnee erkennen."

Was für ein Glück, dass der kleine Wolf kein weißes Winterfell hat.

Jetzt gefällt ihm sein dunkler Pelz sogar richtig gut!

Kannst du alle Fragen beantworten?

1. Was liegt auf dem Boden?

P: Laub
L: Matsch
H: Schnee

2. Was sucht der kleine Wolf?

A: etwas zu essen
E: ein Versteck
V: einen Schlafplatz

3. Was klemmt sich der kleine Wolf ein?

R: Pfote
K: Nase
V: Ohr

4. Welche Farbe hat das Wolfsfell?

L: braun
N: dunkelgrau
T: weiß

Trage die Lösungsbuchstaben in die Kästchen ein.
Das Lösungswort verrät dir ein weiteres Tier, das ein weißes Winterfell bekommt.

   M E L I

1 2 3 4

Das Schafschloss

Eines Abends im Winter klingelt es beim Architekten Fidibus
Baumann an der Tür. Verwundert geht Fidibus nachsehen, wer da so
spät noch zu Besuch kommt.

Vor der Tür steht ein Mann mit einem grauen Bart. Er trägt einen
langen, grünen Mantel. Neben ihm steht ein zotteliger Hund.
Und hinter den beiden steht ... ein ziemlich großes, weißes Schaf!
„Guten Abend!", grüßt der Mann. „Ich bin Martin, der Schäfer. Das
da", und er zeigt auf den Hund, „ist Flocke. Und die Dame dort",
jetzt zeigt er auf das Schaf, „heißt Weidenröschen. Wir möchten gern
etwas mit Ihnen besprechen. Dürfen wir hereinkommen?"
„Nur herein mit Ihnen!", ruft Fidibus fröhlich und tritt zur Seite.
„Ich liebe Überraschungsbesuch!"

Der Architekt bringt seine Gäste ins Wohnzimmer, bietet Martin eine
weiche Decke auf dem Fußboden an und Flocke und Weidenröschen
einen Platz auf dem Sofa. Dann serviert er Martin ein Bund Basilikum,
dem Hund eine Tasse Tee und dem Schaf eine kalte Frikadelle.
„Hoppla! Nicht ganz richtig!", meint er, als er seinen Irrtum bemerkt.
Kurz darauf sitzt Martin mit seinem Tee auf dem Sofa, Flocke frisst
zu seinen Füßen die Frikadelle, Weidenröschen liegt auf der Decke
und knabbert Basilikum. Erwartungsvoll schaut Fidibus seinen
Besucher an. Der alte Schäfer räuspert sich und kommt zur Sache.

„Wie Sie schon wissen, bin ich Schäfer. Und das seit fast 40 Jahren. Ich habe ungefähr 100 Schafe und vier Hunde.

Im Winter wohnen wir in einem großen Schafstall in der Lüneburger Heide, und im Frühjahr, wenn die neuen Lämmer stark genug sind, gehen wir auf Wanderschaft."

„Was für ein wunderbares Leben!", ruft Fidibus begeistert.

„Ja", sagt Martin, „aber ich bin über 60 Jahre alt. Ich habe ein Grundstück mit einer Wiese und alten Bäumen gekauft und möchte mich dort gern zur Ruhe setzen. In meinem ersten eigenen Haus. Und ich möchte, dass Sie es für uns bauen!"

„Für uns?", fragt Fidibus.

„Ja, für uns alle: für die Hunde, die Schafe und für mich! Nach all den Jahren kann ich mir einfach nicht vorstellen, allein zu leben."

Bei diesen Worten klopft Flocke mit dem Schwanz auf den Boden.

„Hui! Ein Mensch, vier Hunde und 100 Schafe! Das wird aber ein Riesenhaus!", stellt Fidibus fest und springt auf, um seinen großen Zeichenblock zu holen. Bis tief in die Nacht sitzen sie zusammen. Fidibus macht einen Vorschlag nach dem anderen. Schließlich einigen sie sich auf ein zweistöckiges Gebäude aus Holz und Backstein mit einem kleinen Turm und rotem Dach.

„Sehr schön", ruft Fidibus. „Im Frühling fangen wir an zu bauen. Und im Herbst können Sie einziehen, das verspreche ich."

36

Und so geschieht es. Als der Schnee geschmolzen ist, rücken die Bauarbeiter mit dem Bagger an und beginnen tatkräftig, die Baugrube auszuheben. Kurz nach Ostern geht der Schäfer Martin zum letzten Mal mit seiner Herde auf Sommerwanderung. „Gute Reise und auf Wiedersehen im Herbst, mein lieber Martin!", sagt Fidibus, als er sich von ihm verabschiedet. „Ich habe hier alles im Griff!" Ja, Fidibus hat alles im Griff – bis auf das Wetter!

Im Mai, als gerade die ersten Mauern stehen, beginnt es fürchterlich zu regnen. Tag und Nacht gießt es wie aus Eimern. Die Maurer waten durch tiefen Schlamm. Der Regen läuft in die Zementmischer, das Holz wird feucht und wellt sich, und auch die Grube für den Swimmingpool ist voll Wasser.

„Oh, oh!", stöhnt Fidibus jeden Morgen, wenn er auf die Baustelle kommt. „Das ist nicht richtig! Ganz und gar nicht richtig!" Aber er hat sein Wort gegeben, und so arbeiten sie weiter.

Auch Martin und seine Herde leiden unter dem scheußlichen Wetter. Die Schafe sind klitschnass und frieren. Weil es im Juni immer noch regnet, beschließt Martin, früher als geplant nach Hause zu gehen. „Vielleicht ist wenigstens das Erdgeschoss schon fertig", denkt er. Doch als sie abends erschöpft ankommen, finden sie nur ein paar Mauern in einer Schlammwüste! Flocke und die anderen Hunde lassen die Ohren hängen, und die Schafe mähen kläglich. „Tja", sagt Martin seufzend. „Da kann man dann wohl nichts machen."

Er spannt eine Plane zwischen den Bäumen auf, und unter diesem
Dach verbringen sie eine ungemütliche Nacht.

Im Morgengrauen geschieht das Wunder: Es hört auf zu regnen!

Als die Bauarbeiter und Fidibus an diesem Morgen kommen, staunen
sie nicht schlecht: Die ganze Baustelle wimmelt von Schafen!

„Hallo", sagt Martin. „Ich hoffe, wir stören nicht."

„Aber nein", antwortet der Architekt sofort. „Sie wissen ja: Ich liebe
Überraschungen." Jetzt, wo es trocken ist, kommen die Bauarbeiter
gut voran. Sie arbeiten von früh bis spät, immer umgeben von den
Schafen. Denn Schafe sind sehr neugierig.

Bald ist die Decke vom Erdgeschoss fertig. Die Schafe tapsen überall
herum und hinterlassen lauter Hufabdrücke in den frisch gegossenen
Zementfußböden.

Das erste Stockwerk wird in Rekordzeit gebaut. Die Treppe und das Türmchen sind etwas windschief, denn das Holz hatte sich im Regen verzogen. „Hoppla! Nicht ganz richtig!", ruft der Architekt. Aber Martin lacht und versichert, dass er es wunderschön findet. Im August wird das Dach gedeckt und die Schlafplätze der Schafe werden mit Stroh ausgelegt. Nun ist das Haus fertig! Es ist fast ein kleines Schloss geworden. Martin lädt alle Nachbarn, die Bauarbeiter und natürlich Fidibus zum Einweihungsfest ein.

„Vielen herzlichen Dank", sagt Martin feierlich und reicht dem Architekten ein Glas Erdbeerbowle. „Sie haben wirklich ein wunderbares Haus für uns gebaut."

„Ach, das war ein Riesenspaß!", meint Fidibus und zeigt auf ein Schaf, das versucht, die Schüssel Erdbeerbowle auszutrinken. „Hoppla! Nicht ganz richtig, was?"

41

Kannst du alle Fragen beantworten?

1. Welchen Beruf hat Fidibus?

I: Architekt
L: Landwirt
H: Arzt

2. Wie heißt Martins Hund?

A: Socke
E: Locke
N: Flocke

3. In welchem Monat regnet es noch?

R: Januar
U: Juni
V: Dezember

4. Was probiert eines der Schafe auf dem Fest?

L: Limonade
N: Milch
E: Erdbeerbowle

Trage die Lösungsbuchstaben in die Kästchen ein.
Das Lösungswort verrät dir den Namen einer Schafrasse.

HE **DSCH**   **CK**
　　　1　　　　　　　　2　　3　　　　4

Aus Bildern werden Wörter!

Emmas erster Schultag

Aufgeregt zieht Emma  ihre

an. Heute geht  das erste Mal

in die  . Ihre

kommen auch mit.

Jetzt geht es los!  nimmt ihre

neue  und ihre  mit.

 freut sich schon:

In der  sind bestimmt ganz viele

 ! Emma und ihre

gehen auf dem  .

Die  fahren auf der  .

Jetzt kommen sie an eine  .

Sie warten, bis die  auf grün

umschaltet. Dann gehen sie

zusammen über die  .

Kurz darauf kommen sie zur  .

Vor der  steht ein großer  .

In dem  zwitschern  .

 freut sich. Sie winkt den  zu.

Neugierig öffnet sie die  . Drinnen

treffen sich alle  und  .

Gemeinsam gehen sie in die  .

Dort warten die älteren  auf sie.

Sie haben sich verkleidet. Lauter

 und  toben über

die  . Sie spielen etwas vor.

Das gefällt  richtig gut! Sie klatscht

begeistert in die  . Nun sagt die

Lehrerin  : „Alle  der ersten

Klasse kommen bitte mit mir."

50

Die  nimmt Emma und die

anderen  mit. Gemeinsam laufen

sie über einen langen . Dort hängt

ein buntes neben dem anderen.

Emma bleibt vor einem mit einem

 stehen. „Ist der toll!", sagt sie.

Da fällt ihr auf, wie still es ist. Wo sind

die anderen  und ihre  ?

 ist ratlos. Plötzlich hört sie Schritte.

„Hallo, ich bin Kai  ", sagt ein Junge

freundlich. „Hast du dich verlaufen?"

„Ich bringe dich zu deinem  ",

sagt  . Emma ist erleichtert. Die

anderen  freuen sich, als sie die

 zum  öffnet.  ist froh.

Was für ein aufregender erster Schultag!

 Emma

 Jacke

 Schule

 Eltern

 Schultasche

 Schultüte

 Süßigkeiten

 Gehweg

 Autos

 Straße

 Ampel

 Tür

 Baum

 Vögel

 Kinder

 Turnhalle

 Hexen

 Gespenster

 Bühne

 Hände

 Lehrerin

 Flur

 Bild

 Drache

 Kai

 Klassenzimmer

Kannst du alle Fragen beantworten?

1. Welches Mädchen kommt in die Schule?

I: Lena
F: Emma
H: Aylin

2. Die älteren Schulkinder sind …

A: versteckt.
E: verkleidet.
N: verschwunden.

3. Was ist auf dem Bild zu sehen?

E: Drache
U: Löwe
V: Wurm

4. Wie heißt der Junge, der Emma hilft?

N: Kai
O: Klaus
E: Klemens

Trage die Lösungsbuchstaben in die Kästchen ein.
Das Lösungswort verrät dir, was auch zur Schule gehört.

  RI

1   2   3   4

55

Das Glücksschwein

Milena  kramt in ihrer .

Da ist sie ja! Ihre  . Mit dem

süßen oben drauf. Die bringt ihr

immer Glück. Vor kurzem ist in

eine neue gekommen.

Die in ihrer Klasse muss sie

erst noch besser kennenlernen.

56

Da ist Tobi  . Mit der roten  .

Suse  , die so weit springen kann.

Und Leo  mit der lauten Stimme.

Alle kennen sich, seit sie sind.

„Heute machen wir eine Schnitzeljagd",

sagt ihr Lehrer . Los geht's! Sie

laufen über den . Zur .

Zur 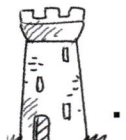. Und hinauf in den .

Dort finden sie den  : Eis für alle.

„Das hat Spaß gemacht", ruft

nach der Schnitzeljagd. Außer Atem

wuschelt sie sich durchs  .

Da bemerkt sie es: Ihr  ist weg!

So ein ! Tobi sieht, dass Milena

in den hat.

„Was ist los?", fragt  . Milena

erzählt von dem  .  ,

und  springen auf. Suse sagt:

„Wir finden deine  . "

Los geht's!  rennt über den

 . Tobi reißt die , auf.

Milena sucht in allen Ecken. Keine

 weit und breit! Auch nicht

auf der  . Und nicht bei der

 . Milena ist verzweifelt. Jetzt

bleibt nur noch der 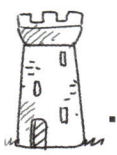 .

61

 nimmt die  ab. Suse schnauft.

Traurig sinkt  auf einen  .

Da brüllt  : „RRROARR!" Wie ein

 . Er zieht etwas unter dem

hervor. Das  ! Milena jubelt.

 fällt Tobi, Suse und Leo um den

Hals.  brüllt nicht nur wie ein  .

Vor Aufregung hat er nun auch eine  .

„Es stimmt", ruft  . „Das  bringt

Glück." Denn sie hat tolle neue Freunde

gefunden!

63

 Milena

 Pausenhof

 Schultasche

 Rutsche

 Haarklammer

 Toilette

 Schwein

 Turm

 Schule

 Schatz

 Kinder

 Haar

 Tobi

 Mist

 Brille

 Tränen

 Suse

 Augen

 Leo

 Stuhl

 Babys

 Löwe

 Lehrer

 Löwenmähne

Kannst du alle Fragen beantworten?

1. Welches Kind
trägt eine Brille?

E: Tobi
F: Leo
H: Milena

2. Was machen die Kinder
heute in der Schule?

A: Wettrennen
P: Verstecken spielen
E: Schnitzeljagd

3. Was für einen Glücksbringer
verliert Milena?

E: Brosche
U: Uhr
B: Haarspange

4. Was ist in
der Schatzkiste?

T: Eis
O: Kuchen
E: Möhren

Trage die Lösungsbuchstaben in die Kästchen ein.
Das Lösungswort verrät dir einen weiteren Glücksbringer.

K L   **LA** **T**
  1   2   3   4

Abenteuer im Zoo

Oma  setzt sich auf eine  .

Sie will sich einen  ansehen.

„Wir schauen uns die  an", sagt

Anton  . Oma nickt und meint:

„Ich warte dann beim  auf euch."

 nimmt seinen kleinen Bruder

Paul  mit. „Trödel nicht so", sagt er.

Doch  kramt weiter in seinem

. Ungeduldig hebt  einen

 auf, der aus dem  gefallen ist.

Da sieht er die Giraffe.

Hat die einen langen  ! Und ihre  !

„Hast du das gesehen?", fragt  .

„Die  hat eine blaue  !"

Doch  ist beschäftigt. Er versucht,

seinen  zuzumachen.

seufzt. „Da vorn sind die  !"

Er stürzt los.  zieht er hinter sich her.

68

Bei den  ist es richtig voll.

Alle wollen den kleinen  sehen.

Aufgeregt drängt  sich nach vorn.

„Der ist aber süß!", ruft er. „Findest

du nicht?" Doch  ist beschäftigt.

Paul puhlt eine  aus der .

 seufzt. Paul ist so ein Träumer!

Er läuft mit  zum .

„Der Affe isst ja auch eine !"

 beobachtet gespannt den  .

In der Nähe hört er einen  schreien.

 erschrickt.  wartet ja auf sie!

Aber wo ist  ? Anton überlegt:

Müssen sie am  oder am

vorbei? Überall sind  . Und die

Wege sehen alle gleich aus.

 wird unruhig. Wie sollen sie

jetzt  finden? Da fasst jemand

nach seiner . Paul! Verwundert

schaut seinen kleinen Bruder an.

72

„Da lang", sagt  und zieht Anton am

 vorbei. Jetzt kann Anton die

sehen. Von dort aus bringt Paul  zu

der  . Und dann zum  . Dort

wartet  auf sie. „Danke, Paul!",

sagt  . „Das war echt klasse!"

grinst. Er ist eben doch kein Träumer!

 Oma

 Bank

 Pfau

 Giraffe

 Anton

 Elefant

 Paul

 Rucksack

 Apfel

 Hals

 Zunge

 Pinguine

 Pinguin

 Banane

 Schale

 Affe

 Tiger

 Bär

 Menschen

 Hand

Kannst du alle Fragen beantworten?

1. Was will Oma zuerst ansehen?

E: Eule
L: Pfau
H: Hase

2. Was isst Paul unterwegs?

Ö: Banane
P: Brot
E: Eis

3. Welches dieser Tiere sehen Anton und Paul im Zoo?

W: Giraffe
U: Schaf
B: Esel

4. Wer findet den Weg zurück zu Oma?

T: Anton
O: Oma
E: Paul

Trage die Lösungsbuchstaben in die Kästchen ein.
Das Lösungswort verrät dir ein weiteres Tier, das du in manchen Zoos sehen kannst.

1   **2**   **3**   **4**

Ein gruseliges Schulfest

„In drei Wochen ist unser Schulfest",

sagt Frau Pütz  . „Wer hat eine Idee,

was wir dort machen können?"

„  backen", meint Luca  .

„Och nö", denkt Nadja  .

„Ich will  werfen!", brüllt Pia  .

Alle  schütteln die Köpfe.

 überlegt. Sie hat schon eine Idee.

Ob sie sich einfach melden soll?

Da sagt  : „Wir backen  ."

 schaut auf ihre  .

„Das gibt es schon", meint  .

„Wir basteln   ", sagt  .

Nadja seufzt. Sie will keine

für die ganze  basteln!

„Ich will aber  werfen", mault  .

„Wir aber nicht", ruft  . Pia streckt

Luca wütend die heraus.

„Du bist ein  ", schimpft  .

„Und du bist eine  ", ruft  .

Alle brüllen durcheinander.  seufzt

wieder. Soll sie sich melden?

„Beruhigt euch doch bitte mal", sagt

 streng. „Wenn das so weitergeht,

kann die erste Klasse beim Schulfest gar

nicht mitmachen."  schluckt. Jetzt

muss sie sich melden! Vor Aufregung

gluckert schon ihr 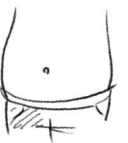 . Nadja hebt die

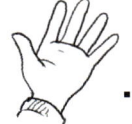 . Da verteilt  an alle  .

„Nehmt einen  ", sagt sie „Jeder

schreibt oder malt eine Idee auf." Dann

sammelt  die  wieder ein.

Der beste Vorschlag: Eine  !

„Wer hatte diese Idee?", fragt  .

Nadja steht vom  auf. Alle staunen.

 ist doch sonst so schüchtern.

„Eine  ist super!", ruft  .

 freut sich. Die nächsten Wochen

planen sie eifrig die  . Zum

Schulfest kommen alle  verkleidet.

82

 ,  ,   und

spuken kräftig herum.  ist glücklich:

Alle lieben die  !

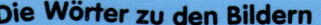

 Frau Pütz

 Esel

Waffeln

Ziege

Luca

Bauch

Nadja

Hand

 Dosen

Stift

Pia

 Geisterbahn

Kinder

Stuhl

Pizza

Vampir

 Zettel

 Skelett

Lampions

Zauberer

Schule

Gespenst

Zunge

Kannst du alle Fragen beantworten?

1. Wie heißt die Lehrerin
von Nadja?

 E: Frau Putz
 H: Frau Pütz
 T: Frau Puste

2. Was will Luca zuerst
backen?

 E: Waffeln
 P: Brot
 R: Kuchen

3. Wer hat die beste Idee
zum Schulfest?

 W: Pia
 U: Luca
 X: Nadja

4. Was bauen die Kinder
in der Klasse auf?

 T: Spielplatz
 E: Geisterbahn
 L: Höhlen

Trage die Lösungsbuchstaben in die Kästchen ein.
Das Lösungswort verrät dir, wer noch in der Geisterbahn spukt.

☐ ☐ ☐ ☐
1   2   3   4

Lösung: HEXE

85

Wir lesen gemeinsam!

Zauberlehrlinge

Die Zauberer Valeria und Waldemar wollen heute Abend ausgehen.
Sie haben sich fein gemacht und tragen ihre schönsten Zaubermäntel.
Ihre Kinder Tonio und Trixi bleiben zum ersten Mal allein zu Hause.

> „Seid schön brav.
> Und keine faulen Tricks!",
> ermahnt Waldemar die beiden.

Kaum sind sie weg, springt Trixi ins Wohnzimmer. Faule Tricks, was
soll das denn heißen? Zaubern ist für Zaubererkinder das Größte,
und Trixi findet sich schon richtig gut.

Als Beweis verwandelt sie Tonios Pantoffeln in Schwimmflossen.
Leider nur fast, denn es werden Gummienten daraus.
Tonio will Trixis Ohren in Hasenohren verzaubern.
Was dabei herauskommt, sind jedoch Elefantenohren.

> „Du Angeber!", heult Trixi.
> „Mach das sofort wieder weg!"
> Aber es klappt nicht.
> Jetzt hat Trixi auch noch einen Elefantenrüssel.

„Na warte!", knurrt Trixi. Sie will sich rächen und Tonio einen
Drachenkopf zaubern. Es reicht aber nur für ein Froschmaul.
Tonios Antwort ist ein Fischschwanz für Trixi, aus dem aber
Krakenarme werden.

89

Als Waldemar und Valeria zurückkommen,
erkennen sie ihre Kinder nicht wieder.
„Was ist denn hier passiert?", fragt Waldemar.

Es dauert eine Weile, bis Valeria und Waldemar ihre Kinder
wieder richtig hingezaubert haben.
„Ich hoffe, ihr übt noch ein wenig, bevor ihr es wieder versucht.
Wir sind doch kein Gruselzoo!", sagt Waldemar. Tonio und Trixi
versprechen es zerknirscht. Und machen schon heimlich Pläne
für das nächste Mal.

Kannst du alle Fragen beantworten?

1. Wie heißen die Kinder von Valeria und Waldemar?

E: Titus und Tiara
H: Stella und Lutz
A: Tonio und Trixi

2. Wer verbirgt sich hinter dem Froschmaul?

E: Waldemar
S: Tonio
R: Trixi

3. Aus den Pantoffeln werden …

E: Gummienten.
U: Schwimmflossen.
X: Puschen.

4. Wie heißt die Mutter von Tonio und Trixi?

E: Valentina
L: Valeria
M: Vroni

Trage die Lösungsbuchstaben in die Kästchen ein.
Das Lösungswort verrät dir einen magischen Gegenstand.

GL   KUG
1   2   3   4

Felix lässt sich nicht mehr ärgern

Als Felix am Morgen aufwacht, liegt draußen noch immer eine dicke Schneedecke. „So ein Mist", denkt er und überlegt, wie er sich wohl davor drücken könnte, zur Bushaltestelle zu gehen. Gestern haben ihn die großen Jungen aus der vierten Klasse ziemlich geärgert, als er auf den Schulbus wartete, und ihm sogar Schnee in den Nacken gesteckt.

Sein Pullover war den ganzen Tag nass.
Und einen Schnupfen hat er jetzt auch.
Echt bescheuert!

Beim Frühstück ist Felix sehr schweigsam. Lustlos und ohne Appetit stochert er in seinem Müsli herum. Ab und zu schnieft er laut, damit Mama bemerkt, wie krank er ist. Vielleicht darf er dann ja zu Hause bleiben.

Aber es klappt nicht!
Mama macht, wie jeden Tag, sein Pausenbrot.
Dann bringt sie ihm die Schultasche und seine
dicke Winterjacke.

An der Haustür drückt sie ihm eine Packung Taschentücher in
die Hand und gibt ihm zum Abschied noch einen dicken Kuss auf
die Pudelmütze. Dann schickt sie ihn los.

Missmutig stapft Felix zur Bushaltestelle. Schon von weitem erkennt er Marc, Steffen und Yannick, die Schneebälle über die Straße werfen.

Felix bleibt stehen.
Er traut sich nicht weiter.
Da sieht er Eva aus seiner Klasse.

Sie kümmert sich nicht um die Schneebälle, die ihr um die Ohren fliegen. „Wäre ich doch auch so mutig", denkt Felix.
„Na, Felix, willst du heute gar nicht zum Bus gehen?"
Frau Hagen, Evas Oma, steht plötzlich neben ihm.
„Ich ... äääh ... nein ... doch ja!", stottert er. „Aber die Großen ..."
Felix deutet mit der Hand in Richtung Bushaltestelle.

94

„Ärgern dich etwa die Großen?" Frau Hagen schmunzelt. „Am besten beachtest du sie gar nicht. Dann verlieren sie sicher schnell die Lust. Es ist nämlich langweilig, jemanden zu ärgern, der sich nicht ärgern lässt. Nur Mut!" Frau Hagen nickt Felix aufmunternd zu.

Felix weiß nicht so recht:
Soll er wirklich einfach weitergehen?
Der Schulbus kommt sicher gleich.

Wenn er jetzt nicht geht, verpasst er ihn vielleicht. Felix nimmt all seinen Mut zusammen und macht sich zögernd auf den Weg. „Zisch!" Der erste Schneeball saust knapp an seinem Ohr vorbei. Ein weiterer Schneeball trifft seine Schultasche. Langsam wird Felix mutiger. „Zisch! Zisch! Klatsch!" Ein ganzer Schneeballregen fliegt ihm um die Ohren. Aber er beachtet die weißen Geschosse gar nicht.

95

„Schneeballschlachten sind blöd", denkt Felix ärgerlich, während er tapfer auf das Wartehäuschen zustapft. Noch fünf Meter!

Plötzlich hat er eine Idee.
Entschlossen bleibt er stehen
und ruft den Großen zu:

„Wisst ihr was? Das wird mir echt zu langweilig mit euch. Immer nur Schneeballschlachten! Fällt euch denn nichts Besseres ein?" Steffen, Marc und Yannick sehen sich verdutzt an. „Wir könnten doch einen Schneemann bauen!", schlägt Felix vor. „Macht ihr mit?" Er fängt an, eine große Schneekugel zu rollen.

Die anderen sind von der Idee
zunächst nicht begeistert.
Aber als sie sehen, wie groß
die Kugel wird, rollen sie eifrig mit.

Yannick und Steffen heben mit Felix eine zweite Kugel auf die erste.
Auch Eva kommt aus dem Wartehäuschen und hilft mit. Die fünf
haben eine Menge Spaß zusammen. Wenig später haben die Kinder
drei große und zwei kleine Schneemänner vor dem Wartehäuschen
aufgestellt. Als Felix seine Mütze und seinen Schal abnimmt und sie
einem kleinen Schneemann aufsetzt, brechen alle in schallendes
Gelächter aus. „Die sehen ja aus wie wir", kichert Eva. Dann stellt sie
noch ihre Schultasche daneben.

Auch die anderen drei Schneemänner bekommen von Marc, Yannick und Steffen eine Verkleidung mit Mützen und Schals.

> Plötzlich ruft Marc:
> „Achtung! Der Bus kommt!"
> Schnell verstecken sich alle Kinder
> hinter den Schneemännern.

„Da wird sich der Busfahrer aber wundern, wenn er nur die Schneemänner sieht", flüstert Eva und gluckst aufgeregt. Marc klopft Felix anerkennend auf die Schulter. „Das war eine echt gute Idee mit den Schneemännern. Viel besser als eine Schneeballschlacht." Felix freut sich. Und er nimmt sich fest vor, am nächsten Morgen etwas früher loszugehen. Dann kann er noch mit den Großen spielen, bevor der Bus kommt.

Kannst du alle Fragen beantworten?

1. Vor wem hat Felix
Angst?

E: Meik, Yannick, Steffen
H: Marco, Yannick, Steffen
I: Marc, Yannick, Steffen

2. Wer schippt den
Schnee weg?

E: Papa
S: Opa
G: Oma

3. Wer geht noch
in Felix' Klasse?

E: Elsa
U: Ellie
L: Eva

4. Welches Fahrzeug kommt,
um die Kinder abzuholen?

L: Straßenbahn
U: Bus
M: Auto

Trage die Lösungsbuchstaben in die Kästchen ein.
Das Lösungswort verrät dir, was du noch aus Schnee bauen kannst.

I	G	L	U
1	2	3	4

Gips bringt Glück!

„Benno, hol den Ball!" Mit aller Kraft wirft Laura den Ball über die Wiese. Benno bellt zweimal, dann rast er los. Lachend tobt Laura hinterher. Als sie aufschaut, sieht sie Mama auf dem Balkon stehen. Mama winkt, dann verschwindet sie wieder nach drinnen.

> Seit einer Woche lebt Laura mit Mama
> in der neuen Wohnung.
> Nicht nur das Haus ist neu.
> Auch die Straße und sogar die Stadt.

Jeden Tag vermisst Laura ihre alten Freunde. Doch das neue Zuhause gefällt ihr richtig gut. Ihr Zimmer ist größer als vorher. Und direkt hinter dem Haus ist ein Park. So oft es geht, läuft Laura mit Benno nach unten und tollt mit ihm zwischen den Bäumen herum.

Nur eines macht ihr Sorgen: die neue Schule. Nach den Ferien
kommt Laura in eine fremde Klasse. „Muss ich wirklich?", fragt sie
Mama beim Abendessen wieder einmal.

„Ja, Schatz", antwortet Mama.
„Du gehst doch auch gern zur Schule."
„Das war in der alten Schule",
meint Laura mit vollem Mund.

„Ich glaube, du findest bald Freunde", sagt Mama überzeugt.
Laura seufzt leise. Wenn sie an die neue Schule denkt, hat sie
ein komisches Kribbeln im Bauch.

Am nächsten Morgen geht Laura mit Benno in den Park. Unter einem großen Baum findet sie einen Spielzeugknochen. WUFF! Auffordernd hüpft Benno auf der Stelle. „Ist gut!" Laura schleudert den Stock zwischen den Bäumen hindurch. Glücklich flitzt Benno hinterher. Laura wartet einen Augenblick, doch Benno kommt nicht zurück. „Hoffentlich hat er sich nicht verlaufen", denkt sie besorgt und ruft: „Benno!"

Weiter entfernt hört sie
Bennos Kläffen.
Laura rennt los.

„Komm, Benno", ruft sie wieder und freut sich, als sie Benno sieht. In diesem Moment stolpert sie über eine Baumwurzel und fällt hin. AUTSCH! Ihr Bein tut weh, als sie versucht sich aufzurichten. Benno leckt ihr über die Hand.

„Ich kann nicht laufen", schluchzt Laura. Zum Glück hat sie ihr
Handy dabei. Mama verspricht, in wenigen Augenblicken bei
ihr zu sein.

„Wir fahren am besten
ins Krankenhaus", sagt Mama,
als sie Lauras Bein anschaut.

Im Krankenhaus müssen Laura und Mama warten. Endlich ist Laura
an der Reihe. „Das Bein ist gebrochen", erklärt der Arzt. „Du brauchst
einen Gips und musst einige Zeit lang mit einer Gehhilfe laufen."
Laura lässt den Kopf hängen. Das auch noch!

Die nächsten Tage hüpft Laura für kurze Gassirunden mit Benno in den Park. Je näher der erste Schultag nach den Ferien rückt, desto aufgeregter wird sie.

Am ersten Schultag bringt Mama Laura zur neuen Schule.

> Auch Benno darf mit.
> Aber er muss im Auto warten,
> bis Mama wiederkommt.

„Hunde dürfen doch nicht in die Schule", erklärt Laura ihm, als er aus dem Auto springen will.

Mit einem flauen Gefühl humpelt sie mit Mama zum Lehrerzimmer.

„Laura, herzlich willkommen", sagt ihr Klassenlehrer. „Ich bin Herr Freudenthal."

Mama streicht Laura über das Haar. „Ich hole dich heute Mittag ab", sagt sie. Laura nickt beklommen. Wenn sie jetzt antwortet, kommen ihr bestimmt die Tränen. Aufgeregt folgt sie Herrn Freudenthal über den Flur.

„Hier ist dein Klassenzimmer", sagt Herr Freudenthal. „Du kannst
deine Schultasche hierhin stellen."
Überrascht schaut Laura sich um.

Das Klassenzimmer ist leer.
Nur Schultaschen, Bücher,
Brotdosen, Hefte und Stifte
liegen herum.

„Wo sind denn die anderen?", will Laura wissen.
Herr Freudenthal lächelt. „In der ersten Stunde hat die 3a Sport.
Jetzt bringe ich dich in die Turnhalle. Die anderen warten schon
ganz gespannt auf dich."

105

Laura zieht eine Grimasse. Das wird ja immer schlimmer!
Ausgerechnet Sport in der ersten Stunde. Bestimmt starren sie
jetzt alle an. Sie kann doch nicht mitmachen und muss vom
Rand aus zuschauen.

> Wie blöd! Laura ärgert sich.
> Dieser verflixte Gips!
> Die Kinder der 3a machen Zirkeltraining.

Zitternd setzt sich Laura auf eine Bank und legt die Gehhilfen weg.
Neugierig mustern die Mädchen und Jungen sie. Laura wird rot.
Sie fühlt sich wie auf einer Bühne. Das mag sie gar nicht. Wenn sie
nur mitmachen könnte! Doch es wird noch dauern, bis sie wieder
laufen und springen kann.

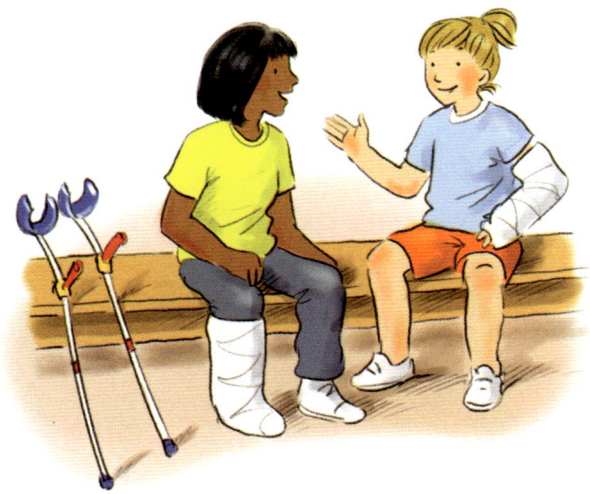

„Hallo", sagt da eine Stimme. Überrascht wendet Laura den Kopf, als ein Mädchen neben ihr auf die Bank plumpst. „Ich bin Stine", sagt das Mädchen.

„Ich heiße Laura", sagt Laura leise.
Stine kichert. „Das ist ja witzig.
Wir haben etwas gemeinsam!"

„Wie meinst du das?", fragt Laura verwirrt. Stine stupst vorsichtig ihr Gipsbein an. Dann dreht sie sich zur Seite. Jetzt kann Laura ihren anderen Arm sehen. „Du hast ja auch einen Gips!", ruft sie überrascht. Stine grinst. „Ich bin die Treppe heruntergeflogen, als ich mit unserem Hund getobt habe."
„Ich hab auch einen Hund", sagt Laura. Den Rest der Sportstunde haben sie sich jede Menge zu erzählen!

107

Als Mama später zur Schule kommt, fällt Laura ihr strahlend um den Hals. „Nachher bekomme ich Besuch von Stine", ruft sie.

> Mama staunt.
> Benno wedelt mit dem Schwanz.
> „Das ist ja schön", freut Mama sich.

Laura nickt begeistert. „Und weißt du was, Benno? Stine bringt ihren Hund Bea mit. Also haben wir beide eine neue Freundin." Glücklich knuddelt sie Benno. Da hat der Gips tatsächlich Glück gebracht!

Kannst du alle Fragen beantworten?

1. Wer ist in eine neue
Stadt gezogen?

K: Laura
H: Pia
I: Mara

2. Wie heißt Lauras
Hund?

E: Ben
C: Benno
G: Basti

3. Worüber stolpert Laura
im Park?

E: Fuß
U: Ast
H: Wurzel

4. Was bekommt Laura
im Krankenhaus?

L: einen kalten Umschlag
E: einen Gips
M: einen Verband

Trage die Lösungsbuchstaben in die Kästchen ein.
Das Lösungswort verrät dir, was Hunde gern mögen.

 N O   N

1   2   3   4

Valentino Glitzerzahn

„Valentino, aufstehen!", weckt Oma Kunigunde den kleinen Vampir.
Valentino knurrt und wickelt sich in seine mottenzerfressene Decke.
Da fällt es ihm ein: Heute fällt die Vampirschule aus. Oh je! Da steht
ihm ja eine langweilige Nacht bevor. Was soll er ohne die anderen
Vampirkinder bloß machen?

„Komm schon, Valentino",
überredet Oma ihren Enkel.
„Ich erzähle dir auch eine Geschichte."
„Na gut", brummt Valentino.

Er klettert missmutig auf Omas Schoß und lauscht der Geschichte.
„Deshalb rate ich dir …" Oma Kunigundes Stimme hallt durch
die Gruft, als sie die Geschichte beendet. „Hüte dich vor Werwölfen."
Sie zerzaust Valentino das Haar. „Valentino, lauf zum Spielen.
Ich mache uns inzwischen Frühstück." Energisch schickt sie
ihren Enkel hinaus.

Der kleine Vampir geht nur ungern. Nach der Geschichte gruselt er sich immer noch. Er schlendert durch den Wald – und erschrickt: Ein Werwolf steht vor ihm. Klein, aber ein echter Werwolf. Valentino rettet sich auf einen Baum.

„Verschwinde, ekliger Vampir", ruft der Werwolf.
„Es gibt nichts Schlimmeres als einen Werwolf",
gibt Valentino zurück.

Sie rufen einander die wüstesten Beschimpfungen zu. Plötzlich muss Valentino kichern. Auch der Werwolf lacht. „Hast du Lust, Vampir und Werwolf zu spielen?", fragt Valentino. „Klar", antwortet der Werwolf. Schon spielen sie Fangen.

111

„Bis bald mal wieder", verabschiedet sich Valentino schließlich und
fliegt zurück zu Oma.

> Höchste Zeit fürs Frühstück!
> Valentino knurrt schon der Magen.
> Heute gibt es Valentinos Leibspeise:
> Blutorangen.

Herzhaft beißt der kleine Vampir in die Frucht. „Willst du sie nicht
schälen?", fragt Oma Kunigunde. Valentino schüttelt den Kopf.
Da knirscht es und knackt – sein Eckzahn steckt in der Schale.
Valentino zieht ihn heraus, dabei bricht die Spitze ab.
„Der ist hin", seufzt Oma. Valentino ist bestürzt: Ein Vampir mit
nur einem Eckzahn? Unmöglich! Oma holt einen Kaugummi.
„Der ist vor 23 Jahren abgelaufen!", ruft Valentino.

„Na und?" Oma knetet einen Zahn daraus und setzt ihn Valentino ein. Doch weder mit dem Kaugummi-Zahn noch mit Pflaumenkernen kann Valentino kauen. Katastrophe! Niedergeschlagen richtet sich Oma auf. Dabei stößt sie mit ihrem Diadem gegen den Kronleuchter.

Es klirrt.
Einer der Diamanten kullert vor ihre Füße.
Valentino hebt ihn auf.
Er hat die perfekte Form ...

Kurz darauf befühlt Valentino seinen neuen, funkelnden Eckzahn.
„Ab sofort heiße ich Valentino Glitzerzahn", ruft er begeistert.
„Jetzt brauchst du nur noch einen neuen Umhang", sagt Oma.
„Nö", wehrt Valentino ab. Er liebt seinen alten Umhang.
Oma zeigt ihm einen grau-gelb karierten und einen rosa geblümten.

„Niemals ziehe ich so was an!" Empört fliegt Valentino nach draußen.
Wind und Regen peifen durch die Löcher in seinem Umhang.
Da saust der Fledermaus-Express an ihm vorbei. Valentino fängt
ein Paket auf.

Er reisst es auf.
Ein Umhang! Nigelnagelneu.
Mitternachtsblau.
Passt wie angegossen.

„So hoch wie ich fliegt keiner", ruft der kleine Vampir und saust
durch die Luft. „Übertreib es nicht", ruft Oma Kunigunde besorgt,
als Valentino an ihr vorbeidüst.
„Ich bin der Beste", grölt Valentino. Da löst sich sein Umhang.
Gerade noch rechtzeitig landet er in einer Baumkrone.

Der Umhang verfängt sich in einem Dornengestrüpp.

Valentino sieht nach unten.
Der Boden ist furchtbar weit entfernt.
Ihm wird schwindelig.

„Brauchst du Hilfe?", piepst eine Stimme dicht an seinem Ohr.
„Ja", sagt Valentino zu der Eule. „Holst du mir meinen neuen
Umhang, bitte?" Die Eule zieht und zerrt – erfolglos. Valentino
bleibt nichts anderes übrig, als vorsichtig vom Baum zu klettern.
„Ich sag's niemandem", verspricht die Eule. Valentino schüttelt
ihr dankbar den Flügel. Ein Vampir mit Höhenangst – undenkbar!
Vorsichtig zieht Valentino den neuen Umhang aus dem Gestrüpp
und tappt zurück zur Gruft.

115

Dort ist Oma schwer beschäftigt. „Hier ist es viel zu ordentlich für einen Vampir-Haushalt", findet sie. Und so verteilen sie ordentlich Gerümpel. Oma streut Erde aus und Valentino überredet die Spinnen, dichte Netze zu weben.

„Viel besser", stellt Oma zufrieden fest. Als sie fertig sind, schnappt sich Valentino seinen Umhang und läuft nach draußen.

Da ertönt ein lautes Scheppern hinter ihm.
Verwundert dreht er sich um.
Oma liegt vor ihrem Sarg. Sie reibt sich das Knie.

„Was ist passiert?", fragt Valentino. „Ich bin über die rostige Hollywoodschaukel gefallen", sagt Oma kleinlaut. „Unser Vampir-Haushalt ist doch etwas zu unordentlich geworden …"

Den Rest der Nacht übt Valentino Kunststücke: Er fliegt
rückwärts und seitwärts und macht Purzelbäume in der Luft.
Da hört er die Kirchturmuhr schlagen. Valentino saust los.

Beim Spielen hat er
die Zeit vergessen.
Bald wird es hell.
Oh Schreck!

„Wenn mich der erste Sonnenstrahl trifft, versteinere ich",
fürchtet Valentino. Da ist die Familiengruft – zu spät:
Gerade taucht die Sonne am Horizont auf. Elend sinkt
Valentino auf einen Grabstein.

117

Zum Glück kommt Oma kurz darauf. Sie wickelt Valentino in ihren Umhang. „Dir passiert nichts", sagt sie. „Das ist nur ein Gerücht, das die alten Vampire verbreiten, damit die jungen rechtzeitig daheim sind und nicht von Menschen gesehen werden."

„Ist das wahr?",
fragt Valentino erleichtert.
„Großes Ehrenwort",
verspricht Oma und bringt
Valentino in seinen Sarg.

„Was für eine aufregende Nacht", denkt Valentino. Kein bisschen langweilig. Und er hat so schön gespielt: mit Oma, dem kleinen Werwolf, der hilfsbereiten Eule, den eifrigen Spinnen ... Zufrieden schmunzelnd schläft er ein.

Kannst du alle Fragen beantworten?

1. Wen trifft Valentino draußen zuerst?

P: Hamster
F: Werwolf
I: Hund

2. Was mag Valentino am liebsten?

E: roten Saft
C: Himbeeren
L: Blutorangen

3. Worüber fällt Oma Kunigunde?

R: Hollywoodschaukel
U: Besen
H: Eimer

4. Wie spät ist es auf der Kirchturmuhr?

L: 4 Uhr
E: 5 Uhr
S: 6 Uhr

Trage die Lösungsbuchstaben in die Kästchen ein.
Das Lösungswort verrät dir, wer im Dunkeln herumflattert.

  E D E M A U
1   **2**   **3**   **4**

Das kann ich schon alleine!

Es ist Frühling!

Wenn der Schnee
im Frühling taut, bekommen
die Bäume Knospen
und danach
Blüten und
Blätter.

Die Vögel bauen Nester und
legen Eier. Aus den Eiern
schlüpfen
ihre Küken.

Auch andere
Tierkinder
kommen auf
die Welt.

Der Bauer pflügt seine Felder
und sät das
Getreide aus.

Auf dem Schulweg

Auf dem Weg zur Schule siehst du
viele Menschen, Tiere und Fahrzeuge.
Entdeckst du auch die Katze?

Fußgänger, Autofahrer und alle anderen Verkehrsteilnehmer müssen sich an die Verkehrsregeln halten. Diese gelten für alle, die im Straßenverkehr unterwegs sind.

Im Straßenverkehr unterwegs –
aber sicher!

Bleibe auf dem Gehweg immer dicht an den
Häuserwänden oder Gartenzäunen. Dies ist
die Kinderseite. Dort ist es am sichersten.

In der Dämmerung, wenn es regnet, schneit oder
neblig ist, bist du für die anderen Verkehrsteilnehmer
oft nicht gut zu sehen.

Ziehe deshalb möglichst helle Kleidung mit
Leuchtstreifen an. Auch Leuchtwesten, die du
über deiner Kleidung trägst, sind praktisch.

Die Straße überqueren

Am Zebrastreifen darfst du über die Straße gehen.
Schau dabei zuerst nach links, dann nach rechts
und dann wieder nach links. Erst wenn alle Autos
anhalten oder die Fahrbahn frei ist, darfst du gehen.

Am sichersten überquerst du eine Straße
an einer Ampel.

Leuchtet das rote Licht, wartest du.
Bei Grün darfst du gehen.

Es ist Sommer!

Der Sommer
ist die wärmste
Jahreszeit.
Jetzt tragen
alle Bäume und
Büsche grüne Blätter.

Der Fuchs freut
sich über
Früchte und Beeren.
Sie sind jetzt reif.

130

Das Rehkitz versteckt sich im hohen Gras.
Bald kehrt seine Mutter
zu ihm zurück,
um es zu säugen.

Auf den Feldern reift das Getreide.
Dann kann der Bauer
es ernten.

131

Schwein gehabt!

Heute ist Jonas schon ganz
früh wach. Er hat Geburtstag!

Jonas wünscht sich einen Hund.
Ob dieser Wunsch erfüllt wird?

„Alles Gute zum Geburtstag!",
rufen Mama und Papa. Leon gibt
Jonas einen Kuss.

Jonas bekommt keinen Hund,
sondern zwei Meerschweinchen:
Bianca und Sternchen.

Jonas schluckt. „Vielen Dank", sagt er. Aber er kann sich nicht richtig freuen.

Mit Meerschweinchen kann man nicht Gassi gehen, und sie beschützen einen auch nicht!

Mama sagt: „Papa und ich müssen noch schnell etwas für deine Geburtstagsfeier einkaufen."

„Passt du solange auf Leon auf? Wir sind gleich wieder da."

Dann ruft Jonas' Freund Philipp an.
Jonas vergisst völlig, dass er auf
Leon aufpassen soll.

Plötzlich quieken Bianca und
Sternchen ganz laut. Jonas läuft
schnell in die Küche.

Dort bekommt er einen Schreck:
Leon ist auf den Küchenschrank
geklettert!

Er will die Keksdose aus dem
Regal holen.

Doch da rutscht Leon ab. Jonas kann ihn gerade noch auffangen.

„Schwein gehabt!", ruft Jonas.

„Ein Glück, dass Bianca und Sternchen so laut gequiekt haben!"

„Ihr seid zwar nicht sehr groß", sagt er, „aber mindestens so wachsam wie ein Hund!"

Es ist Herbst!

Im Herbst wird es
wieder kühler.
Das Laub vieler
Bäume leuchtet rot,
gelb und orange.
Der Hirsch kann
sich jetzt besonders
gut tarnen.

Nun sind die Kastanien
und die Eicheln reif.
Sie fallen von den Bäumen
auf die Erde.

136

Jetzt wachsen viele Pilze.
Manche Pilze kann
man essen.

Das Eichhörnchen sammelt im Herbst
Vorräte für den Winter.

137

Es ist Winter!

Im Winter tragen Laubbäume
und Büsche keine Blätter mehr.
Die Sonne scheint
nur wenige
Stunden
am Tag.

Siebenschläfer und
Haselmaus verschlafen
den Winter.

138

Es ist kalt. Das dichte Winterfell
wärmt den Feldhasen.

Manchmal liegt Schnee. Dann kannst
du Schlitten fahren
oder einen
Schneemann
bauen.

139

Wer spricht denn da?

Der Zirkus ist in der Stadt!

Lukas und Flora schauen beim Aufbauen zu.

Tim gehört zum Zirkus. Er fragt: „Wollt ihr unsere Tiere sehen?"

„Au ja!", rufen die Freunde. Zuerst geht Tim mit den beiden zum Stallzelt.

Im Stallzelt gibt es Pferde, Lamas, ein Kamel und viele andere Tiere.

Neugierig zupft die Ziege an Lukas' Ärmel. „Huch!", sagt Lukas überrascht.

Da ruft jemand nach Tim. „Ich bin gleich wieder da", sagt Tim und läuft hinaus.

Flora und Lukas streicheln die Tiere.

Plötzlich hören die Kinder eine
unheimliche Stimme.

„Schluss, aus! Geht sofort nach
Haus!", krächzt die Stimme.

„Wer ist das?", fragt Lukas
ängstlich. „Ich hab keine
Ahnung", flüstert Flora.

„Eins, zwei, drei, alles ist vorbei!"
Flora und Lukas hören ein
unheimliches Lachen.

Sie laufen zur Zeltöffnung. Tim kommt ihnen entgegen. „Wollt ihr schon gehen?", fragt er.

„Da ... da war so eine seltsame Stimme", stammelt Flora.

„Das war bestimmt Pepino." Tim lacht. „Kommt mit, ich zeige ihn euch."

Hinter dem Zelt ist ein großer Vogelkäfig. „Das ist Pepino", sagt Tim stolz.

143

„Eins, zwei, drei, alles ist vorbei!",
krächzt der Vogel.

„Ein sprechender Papagei", rufen
Flora und Lukas.

Alle lachen herzlich.

Und Pepino lacht mit!